der gepfefferte Sprüch Beutel

Alte deutsche Spruch-Weisheit / gesammelt von

Fritz Scheffel

mit Bildern von Paul Neu

MELCHIOR

Historischer Verlag

Das außergewöhnliche Werk

Der gepfefferte Sprüchbeutel

erscheint im Rahmen ausgewählter
Literatur als exklusive Reprint-
Ausgabe in der
Historischen Bibliothek
des Melchior Verlages.

Die Historische Bibliothek enthält
wichtige sowie interessante Bücher zur
Geschichte und lässt anhand dieser
eindrucksvollen Zeitzeugen
bedeutende Ereignisse, Begebenheiten
und Personen aus längst vergangener
Zeit wieder lebendig erscheinen.

Nachdruck der Originalausgabe
aus den 1930er Jahren nach einem
Exemplar aus Privatbesitz.

M
Reprint
© Melchior Verlag
Wolfenbüttel
2014
ISBN: 978-3-944289-26-7
www.melchior-verlag.de

Ich hab ein maul / dem geb
ich zu essen / das muß reden
was ich will.

❧

Wann reden könnten tisch
und benck / so würd man
hörn vil guter schwenck.

❧

Vor eym Collegen behüt
uns lieber herre Gott!

Die Zung ist das best und
bößt Glied zugleich.

Wer die warheit geigt / dem
schlägt man die geigen an
kopf.

hör auff

Red nit gleich / wenn du
denkst / mehristens hastu nit
gedacht / wenn du redst.

Acht kein Ort on ein ohr.

Werd witzig / die Welt ist spitzig.

Zur zeit ein narr seyn / ist auch Kunst und Weißheit.

Wer immer zu greinet wie eyn sau an jhrem gatter / und umb ein haselnuß daherfährt / als umb ein zerbrochen Schiff / dessen poltern gewohnet man / daß man nit acht darauf gibt.

Wer eifrig in dem buechleinließt/ die Weißheit mit dem löffl frisst/ Merckes wol

Von denen / so mit worten eins / und mit wercken das ander tun / syend yetzt vil uff dem erdreich.

Wer durch eyn blauen Brill siehet / dem scheynt alles blau.

Es ist schwer / große narheit unter wenig pappier zu verbergen.

Hart gegen hart / sagte der teuffel / da scheisz er gegen eyn donnerwetter.

Wer ein ding nit groß oder wohl thun kan / der redet es doch groß oder wohl.

Finantzer und betrieger machen viel wort / und meinens nicht.

Wenns wohl ausgehet / so sind es alle gut Hebammen gewesen.

Waffen, frawen und bücher muß man all tag versuchen.

Gleube nicht alles was du hörest / Sage nicht alles was du weißt / Thue nicht alles was du magst.

Wenn der Cantor fehlet / so muß ein husten dran schuldig seyn.

Es ist etwas anders um eine erfarne und geübte / als allein umb ein gelesne Kunst.

Bei rechtem Windt ist gut
seglen.

Eyn bös maull ist schärpfer
dann eyn schwerdt.

Wer da leit / über den
laufft jedermann.

Die gelegenheyt grüßt manchen und beut jhm die handt
/ wil er nit / so weist sie jhm
den hintern.

Eim jeden gefellt seine art wol / drumb ist die Welt der narren voll.

~·~

Manchen narren bringt sein eygen glück umb.

~·~

Wenn man einn schalck wil fangen / so muß man ein schalck vor die lucken stellen.

Eym jeden narrn gefelt seyn kappen wol.

Bey eym narren richt man
nichts aus / weder mit Bit-
ten / noch mit Drohen.

Wenn die narren zu marckt
kommen / so lösen die Kre-
mer geldt.

Eitel honig Reden / seynd nit ohn gift.

Ein rauschend blatt hat keine hörner / hat auch nie keinn erschlagen / und gleichwohl fürcht sich der schuldige für jhm.

Wir wohnen in Teutsch=
land / und wissen seyne be=
quemlichkeiten nit / andere
wissen wir / und daheym
bei uns selbs seyn wir als
frembdlinge.

Wann das Vatherlandt in
brandt stehet / seyn alle
Ständ schuldig / löschen zu
helfen.

Es ist etwa besser in die
faust / dann in die lufft
geredt.

An der that ligt die meist
Macht.

Wer alles offenbart / macht
seym feind die waffen
scharpf.

Der Hirt ist noth wegen der schaafe / aber nicht die schaafe wegen des hirten.

Krieg kömpt vom wörtlein Meyn und Deyn.

Wer alle ding verfechten wil / der muß nymer sein schwert einstecken.

Arbeit ist so ein mechtig ding / das feuer aus den steinen bringt.

Pfaffen im rath / Säu im
bad / und hund in der küchen
sind nie was nütz gewesen.

Münch und pfaffen / Geiß
und alte affen / Hurn / buben und filtzläuse / wo die
nehmen oberhand / Ver-
derben sie ein gantz land.

Glaub keinem Wolf auf wilder heid / auch keinem juden auf sein eid / glaub keinem Bapst auf sein gewissen / du wirst von allen drein beschissen.

Deutschlandt ist wie ein schöner weidlicher hengst / der Futter und alles genug hat / und fehlte jhm nur an eym gutten reutter.

Eyne große Gemein kan nicht durchausz rein sein / als hetten sie die Tauben ausgelesen.

ARISTOTELES SAPIENS CELEBERRIMUS

Es ist manch weiser Mann / der frauen untertan.

⸎

Weißheit find man eher unter runtzeln / als unter glatten backen.

⸎

Er dünckt sich weise sein / und ist doch kaum drey mal umb seine Mutter geloffen.

⸎

Er hört die flöh und mücken seichen.

Wer vil fragt / geht vil irr.

Wo ein verstandt ist / der birgt sich nicht / er bricht herauß.

Wo ist eyn großer König / der nit het ins bett gethan?

Man kundt yhm das haupt ym mörser nit treffen / so klug ist er.

Es kompt alles zu tag / was man under dem schnee verbirgt.

Er weisz sich vor angst im hintern keinen rath.

Es ist gut mit ander leut schaden weise werden.

Es zog ein narr umb Weiß-
heit aus / und kamb ein
Thor wider nach hauß.

Die kunst hat kein feind /
dann den / ders nit kan.

Je sehrer man jn ein hitzig hertze bläset / desto hefftiger es anfängt zu brennen.

Zwey hertzen treu sich scheiden nit / es nimpt jhr eins das ander mit.

Schwartz hut und mantel trauren allzeit / das hertz aber wirds selten gewar.

Das kälteſt hertz dünckt ihm wärmer / dann das wärmeſt hirn.

Menſchen hertz feyret nit wie eyn mühl / ſchüttet man nit was guts drauff / ſo mehlet es ſich ſelbs / oder es quellen böſe gedancken heraus.

Es iſt jhm ſo angſt / mann kan eier in ſeym arſch braten.

Wiltu sein ohn neid / so sag
dein glück niemandt.

Unglück hat wollen socke
an / wenns kompt / so hoert
mans nit.

Das glück ist gläsin / wann
es scheinet / so bricht es.

Greiff zu / ehe dir die händ
gebunden werden.

Alles Zeitlich hengt an eym
Zwirnsfaden.

Weyber gemüt / Herrn gunst
/ Aprillenwetter und fedder=
spiel / verkehren sich offt /
wers mercken wil.

Zuviel zerreißt den sack.

Man schwetzt offt eynem vom Kissen und setzt sich selbs drauff.

Die hoch oben hinaus wellen / seynd wie feuerwerk oder Rachetlin / das in die höh fert / und doch den himmel nit erreichet / noch wieder auf die erde kömpt / sondern in der lufft zerpletzet und zerknellet.

Eim andern soltu nit gönnen / Wastu selbs nit magst.

⚜

Ich hette mich auch gern gewermet / kont aber zum Ofen nit kommen.

⚜

Wer alle Löcher krebset aus / zeucht leicht beschissne Händ heraus.

⚜

Hastu nicht pfeil im köcher / so misch dich nicht under die Schützen / wie der roßdreck under die Oepffel.

Mancher ſuchet eyn pfenning / und verbrinnt darbey drey lichte.

Wuchern iſt mir verpoten / denn es fehlet mir an der hauptſumma.

Hätt ich geld / ich möcht leicht frumb ſeyn.

Wers glück hat / dem kel-
bert ein ochs.

Das geldt ist rundt / so
eyner glück hat / leuffts jhn
inn arsch.

Wenn der arme eyn gut
ochslin hat / so greiffen zehn
hend darnach / hat er ein
stück brots / so kompt eyn
hund und nimpts jhm.

Wo es gold vorregnet / regnet ihm laster nach.

Eyn metze vol gunst ist mehr / dann eyn scheffel vol gerechtigkeyt.

Ist Geld die braut / so wird die Ehe selten gut.

Abbruch der müntze thut uns lehren / wie sich der welt hendel verkehren.

Giebſt / biſt. Haſt geben /
biſt geweſt.

Wer viel vom Handeln
ſchwätzen kan / der meint er
ſey eyn guter kauffmann.

Mancher iſt ſo verſchmitzt /
wenn er ſeyn geld verſpilt
het / ſo ſpricht er / er hab
nit eynn pfenning gewonnen.

Aus vil beuteln ist gut Gelt zälen.

An vil worten / ohn einiges zaln / hat der gläubiger kein gefalln.

Geht eyn frembder Mann ueber den marckt / so schätzen die krämer / waß sie ijm können abnehmen. / Darnach machen sie ijre buckel krum.

An bösen Zalern mahnet
man sich leicht und bald
müde / aber ungern.

Geliehen goldt wird zu plei
/ wann manns wider fodert.

Alte Schneider seynd selten
so reich als alte wucherer.

pumpp

Man sol dem kein geld
leihen / für welchem man
muß den Hut abtun.

CIRCE

Aus trüben mistlachen
schöpfft man nicht lauter.

~~~

Auff ander leut kirchweih
ist gut Gäst laden.

Mit eynes frembden man-
nes arsch ist gut durch feuer
fahren.

FEURJO!

Des mund gibt allzeit
aber die Hand nit.

Auß ander leut Häut ist gut
breit riemen schneiden.

Bitt keinen umb ein ding
so du selbs nicht thätst.

HUND u. KATZ

Es gehören vil Mäus darzu / wann sie wöllen eyn katze zu todt beißen.

Man jagt die katz zu spet vom Speck / wann er gefressen ist

Des nachts seind all katzen graw / und alle Scheflin schwartz.

Wer find ein getrewe katzen über der millich?

Es ist nit not / daß man die
hund mit bratwürsten wirfft
/ so man knüttel hat.

Wenn der hund nicht lustig
ist zu jagen / so reyttet er
auff dem arsch.

vermes in ANO

Wenn man einer sau gleich ein gülden Kleyd anzöche / legt sie sich damit doch in dreck.

Der feulsten sau gehört allweg der gröst dreck.

Wer sich under die kleyen mischt / den fressen die säu.

Er ist mit einer saw durch die schul gelauffen.

Wenn man die Sau kitzelt /
so legt sie sich inn dreck.

Die Sau ist freudig auff
irm mist.

Zu hauß ein leu / draußen eyn lamm.

Hungerige Fliegen oder flöh beißen härter.

Mancher kan eyner lauß Stelzen machen / und weiß seyn eigen sach nit zu rathen.

Wer meinet ſich zu verbeſſern / der kriegt oft hummeln für fliegen / und zuletzt horniß für hummeln.

Man braucht ſich ſelbſten keyn läuß in peltz zu ſetzen / ſie kriechen von alleyn daran.

Im düſtern hat man gut ſchmüſtern / aber nit gut flöh fangken.

Fang ihn

Wenn die kuh wil auf dem Brett spilen / der esel auff der lautten schlagen / der fuchs fliegen lernen / und der aff holz spalten / so ist schad / schimpff und spott das best handwerk.

der Paradeisgarten

Wie der hase in den pfeffer kömpt / so wird er gefressen.

Wenn man das heyligthumb anbetet / dann meynt der esel / so es trägt / man bete jhn an.

ASINUS·SANCTUS

Wenn Reynecke nit schwimen kan / so muß das Wasser schuldig seyn.

Wenn der fuchs den schwantz verloren hat / so sehe er gern / daß keyn fuchs eynn schwantz hette.

Was der pfau zu wenig hat
am Kopf / daß het er zuvil
am schwantze.

Wenn mann vögel fangen
wil / so muß mann nit knüttel unter sie werffen.

Sey im Rathen eyn schneck
/ in Taten eyn vogel.

Wer vögel nährt / dem
wird jhr unflat zu lohn.

Beschiß

Es ist ein böser vogel / der
sich selbs ins nest hofieret.

Zween Hahn auf eym mist /
eins steten Zanckens ist.

Jeds Haar hat seyn schatten
/ und jeder Omeiß seyn zorn.

Wenn der barth gelehrt machte / so were ein ziegenbock auch wol gelehrt.

Man treibt den bock wohl auß dem garten / aber der stanck bleibt gemeyniglich drinn.

Des schultzen kuh will immer eyn vorteil haben.

Wann er eym hasen so ehn-
lich wär als eym narrn / die
Hund hätten ihn lengst gefressen.

Wer will vil pferde reiten /
der muß vil Habern haben.

Er will jhm die Hänḋ mit vogelleim salben.

❧

Sag mirs im Bad / da sind mir die Ohren weich.

❧

Köndt mancher schweigen / biß auff die rechte zeit / wol hett er so gute ruh.

❧

Der jm im bart leßt umbgrasen / dem hofiert mann zuletzt gar auffs maul.

Schand tun / und sich danach
erst schämen / macht ver-
dorbne mägd.

BATHSEBA

Mir ist nicht wie allen mäg-
den / die gern männer hetten.

Du magst jung sein / hofierst
aber durch einn alten ars.

Mancher wil angesehen seyn
/ als hab er kein Wasser ge-
trübet / und ist doch wol mit
dem gantzen hindern drin
gesessen.

der arm man

Eyn armer man hat den windt allweyl von vorn.

❧

Die armen müssen füchß helf fangen / die reichen in jhren peltzen prangen.

❧

Es gerät offt einer armen magd kind besser / denn eyns reichen manns tochter.

❧

Freiheit ist eine Puppe / die man weinenden unterthanen gibt / solche darmit zu stillen; wenn sie aber dann schweigen / so nimpt man ihnn das spielwerk wieder ab / ehe sie es mercken.

Wer reych ist / des wort ist gehöret / Und ein reycher muß klug seyn / gleich wenn er schon ein narr ist.

Es ist besser arm mit ehren / denn reych mit schanden.

Wenn eyn reyche sau kirret / so lauffen die andern alle zu.

O wohl dem magen / in welchen der Artzt seyn apoteck und mist nit hat getragen.

in medicinam cato

Teuer bezahlte artzeney hilfft vil / wo nicht dem krancken / so doch dem Apotheker.

❦

Eyn unerfarner arzet macht eyn vollen kirchhoff.

❦

Es ist in dieser verlogen welt fehrlich ein artzt seyn / dann es gibt zu vil kühartzt / und eigenwillige krancken.

Das Recht ist eyn schoene braut / so sie in jhrm bette bleibt.

Advokaten und wagenreder wöllen geschmieret seyn.

Rühme dich räuplin / dein vatter war doch eyn kohlscheißer

Advokaten machen das Recht zu eym teig / und kneten ihn / wie sie des brotes wöllen haben.

Ein ehrlich handwerck hat eyn gewissen Zins / und ist eyn Quellbrunn / da alle Tage etwas herausquillet.

☙

Eyn Schlächter keufft dem anderen seyn wurst nit ab.

Ein schuster soll nit weiter lügeln / dann von seym leisten.

Eyn Stand sol den andern schützen und halten / als ein ring an einer ketten.

Weite Stiche geben auch Brot / sprechen die schneider.

der faul Zimmermann

Wenn der Zimmermann lange umbs holtz spatziren geht / so fellt kein span darvon.

Zum müßiggang gehören große Zinse / oder hohe Galgen.

Es ist so ein hübscher galgen / daß einer lust hat / dran zu hangen.

Wer einen andern vom galgen löset / der brecht yhn gern wieder hynan.

JUSTITIA

Die kleinen dieb man henck-
ken thut / vorn großen
zeucht man ab den hut.

Die selbs böses han gethan
/ hängen gern den andern
auff.

Also vertrau deinem freunde
/ daß du achtest er möge
dein feind werden.

Die galgen tat man abschaf-
fen / aber die schelmen seynd
geblieben.

Gemalte mönch seynd die frömpsten.

⁂

Ein junger Engel wird offt ein alt Teuffel.

⁂

Wenn man den teuffel in die Kirchen lässet / so will er auff dem obersten Altar sitzen.

Wenn die lehrer unter das friedlich Evangelium ihrn neid und haß mengen / das lest eynn bösen stanck hinder sich / als hette mann mit des Teuffels dreck geräuchert.

Es haben ihrer vile das evangelium im mund und den teuffel im hertzen.

Der Teuffel scheißt immer auff den großen hauffen.

Umb eyns bösen stündlins willen muß man eyn gantz jahr die wehr an der seite tragen.

Wer mausen will / dem kan man mit Gesetzen nit alle Löcher verstopffen.

Wer newe zeyttung wil wissen / der erfare sie ynn barbierhäusern / badtstuben / backofen / sechs wochenbetten und tabernen.

Die Wehtat ist dem nagel
eben so groß wie dem loch.

Wer wider den wind brunzt
/ der macht nasse Hosen.

Was drey wissen / das er-
faren hundert.

Man mummelt so lang von
eim ding biß es außbricht.

Außen blanck!
Innen stanck!

Justitia / von hint

Alte sünd richt offt neue schand an.

Eyn lügner muß bedechtig seyn / oder eyn gut gedechtnuß haben.

Zwischen käuffer und verkäuffer stickt sünd / wie eyn nagel zwischen zween steinen in der mauren.

Es hat eyner böß stehlen / wo der wirt schon eyn Dieb ist.

Das Recht ist wie ein stiefel / für beyde füß gemacht.

Eyn wenig schand wärmet wohl.

Eyn neue schand machet / das alter sünd wird gedacht.

Sobald eyn neu gesatz ersonnen / wird auch der neu betrug begonnen.

Wenn die wort leut schlügen / so were mancher eyn dapffer held.

Wenn jetzt eyn schelm vil fluchens kan / bald setzt man jn zu ain haubtmann.

Wer wider eyn stahlern mauern schießt / dem sprinken die pfeyl wieder zu.

Nahe schießen hilfft nicht /
es gilt treffen.

Es seind nit alle starck / die
vil heben können.

Mancher meynt / er schafft
es mit dem maull / und ist
seyn schädel leer wie eyn
taube nuß.

Sie beten nicht alle / so in die kirche gehen / mancher wil da seyn Bulschafft sehen.

O süsse Mayen kunigin

O Salvator korporis mei

Eyn heilsam / freundlich ehrlich nothlügen hat jhre entschüldigung.

Es hat mancher eyn so raum gewissen / man möcht mit eym fuder heu hindurch fahren.

Wer viel stielt / und ein wenig schenckt / der kreucht durch / wenn die gesetze gleych noch so eng gestricket seyn.

~

Wer fornen lecket / und hinden kratzt / der wird jetzt oben angesatzt.

~

Ein bettler neidt den andern vor der thür.

~

Wer mit eym dreck ringet / er gewinne oder verliere / so bekompt er doch beschissne Hände.

Sie zancken umb des feuers rauch.

Ihm ist sein schwerdt mit honig geschmiert.

Eyn Blas wird dick von wenig windt / und rauscht / wenn drinn vier Erbsen sind / Eyn nadel jhr eyn löchlin sticht / bald wird sie schlapp / und klingt gar nicht.

Wie kom ich darzu / wen
sich zween rauffen / das ich
sollt das haar darzu her-
geben?

Zu einem lebendigen men-
schen muß man sich guts und
böses versehen.

Wer über sich hauet, dem
falln die spän in die Augen.

Mit vil zancken und dispu-
tieren / thut man die wahrheit verlieren.

Wann worte speißten / so lebten seine freunde wohl.

Der pöbel misset die freundschafft / wie tuch an eyner ellen.

Freunde sind gut / aber weh dem / der yhr bedarff in der not.

Wiltu seyn eins Gewaltigen freund / so verlier die wahrheit oder die freundschafft.

⚜

Trau keynem freund / du habest dann zuvor ein Saltzscheiben mit ihm gegessen.

⚜

Wenn dirs wohlgehet / so mach dir nit vil zu feind / auff daß du auch freunde habest / wenn dirs übel gehet.

der hintervotzige

Es küsset mancher einen mit dem munde / und schlägt jhn mit der Faußt an den halß.

~※~

Wer zu vil schmeychelt / der hat betrogen / oder wil betriegen.

~※~

Falsche Advokaten reden eyn loch durch eynn brieff / daran sieben siegel hangen.

~※~

Liebesschläg seynd besser / denn feinds schmeicheln.

Hüt dich für dem / der mild
ist auß eynes andern Manns
beutel.

Einen verleumder solte man
auffhengen bei der Zungen /
und denselben bey den Ohren
/ der Verleumbdung gern
höret.

Wer mich eynmal betreugt / den schelt ich / betreugt er mich zweymal / so danck ichs ihm.

Du kennst deyn sippschaft=Erb erst mit jhnen.

Wiltu eynen recht kennen lern / so laß jhn verwörren garn wider richtig machen.

verwörren garn

NEV

Wo man ein guts an einem weiß / da muß man fünf schlimme gegen abrechnen.

Liebe deinen nachbar / reiſz
aber den zaun nit ein.

Diejenigen / ſo einem am
nächſten nachgehen / ſeynd
am meiſten zu förchten /
denn ſie tretten eynem am
erſten auff die ſchuch.

Wann der Neidhart eynn
könnt im löffel erſäuffen /
er nähme keyn ſchaff oder
zuber darzu.

Der nehest freund / der nehest
vormund.

Gut Freundschaft

Der freund gebrechen sol
man kennen / aber nit
nennen.

Wer leicht eym jeden traut
/ dem schläfft man bey der
braut.

Wo man wilkommen ist / da
sol man selten hinkommen.

Es seynd nit alles freunde /
so uns anlachn.

Was tun den abend gute
Gesellen / am morgen nie-
mand soll erzehlen.

Drey halten gut Freund-
schafft / wann zwo nit daheym seynd.

GALLUS/
der gogl

Weiber machen männer.

Leichtsinn macht jungk-
frauen teuer.

Was heßlich ist / das macht
die liebe schön.

Mann küßt offt das kind um
der mutter wegen.

Kein mädchen ohn lieb /
Kein jarmarckt ohn dieb /
Kein bock ohn barth /
Kein weib ohn unart.

Es mußt eyn sehr gelüsten /
so er eyn alte küßte / wann
er eyn junge wüßte.

Arbeit löscht der liebe
brunßt.

Ein weiblin oder meydlin hat nichts mehr / noch keinen größeren schatz / dann ihr ehr.

❦

Es hilfft keyn Schön am weibesbild / wenn sie ist unkeusch / frech und wild.

❦

Eins unzüchtigen weibs lieblichs züngelin / falsch mündelin und listigs hertzlin seynd lauter feurpfeil / die auch eyn ald und kalt hertz anzünden und zum lappen machen könn / drumb hüt dich.

Theilet sich das bett / so trennen sich die hertzen.

Ohn weib ist keyn freud gantz.

Wann eyne zuvil küßt / kömpt sie bald ins bett.

Die liebe kompt vom Sehen.

Ein hüpsche fraw sihet einn spigel hüpsch an / eine heßliche heßlich.

Fraw Venus

Die weiber lieben oder hassen / da ist kein drittes.

Wem zu wol ist / der neme eyn weib.

Lieb ohn treu / beicht ohn
reu / beten ohn recht an-
dacht / hat schon vil leiden
gebracht.

Es ist nit alles spuk / was in
euer tochter kammer gehet.

Was man lieb hat / keuft
man teuer.

Fehlet dir die Schoene / so
thu schoene.

Es weibt sich einer ebenso bald den hals ab / als er jhn absauffe.

MESSALINA von Babylonia

Der buler weiß wol / was er begehrt / er weiß aber nicht / was es ist.

Vleißig studieren / vertreibt Bulerey.

Im Meyen gehn hurn und
buben zur kirchen.

Sie hat die lieb auff der
seitten / da mir die taschen
hanget.

Bey den weibern ist des schwatzens hohe schul.

Eyn bös Weib ließe sich gebrauchen / wenn man wolt die Hölle stürmen.

Verborgen und verschwiegen Sach sind in eyns weibs munde verschlossen / wie wasser im sieb.

Wer sich an die weiber hengt / der bleibt wie die fliege im honig kleben.

weiß nit / welche

Lesch das liecht auß / seind die weiber alle gleich.

❧

Wer mit eym weib kämpffet / der ist übel dran: gewinnt er / so wird sie jhm feind / verleurt er / so spottet sie jhm / darum ist schweigen das best.

❧

Drei frawen / drei gäns / und drei frösch / machen einn jahrmarckt.

Ein fromme fraw zeugt offt ein hur.

Jungfrauen lieb ist fahrend Hab / heut hertzlieb / aber morgen schabab.

Es steht einer Häßlichen wol / daß sie alle stücke der schönheit an sich hat / nur seynd sie versatzet und stehen an unrechten örtern.

Erzwungen lieb und gemalt wangen dauren nit.

Welcher niemand zu gute war / der mußte zur letzte ein geck in jhrem armen ruhn.

körblin

Es ist kein hoffertiger Bild / denn wann eyn magt eyn fraw wird.

Fallen ist keine schand / aber lang ligen.

Wenn Ehleut gleich am Joch ziehn wol / so ist das Ehbett freudenvoll.

Halb und halb / meynet der Hausvatter zu seym eheweib. Do teylet er die wurst jn der mitten / und namb sich die groß helfft.

Das weib ist des manns hauß / dann er ist nirgend daheim / als bey seinem weib.

Eyn heßlich weib ist der best
zaun umb eyn hauß.

Wer ein weib schlegt / der
schlegt jhr drey feyertag /
sich selbs aber drei fastag.

Ein junges Weib bei eym
alten mann / ist des tags
ein Eheweib / und des nachts
eyn wittib.

Wer haußfried wil haben /
der thu / was die fraw wil.

Oh wie wohl und weh / wird manchem in der eh.

Eyn jeder bewar die thür seynes mundes für der / so in seynen armen schläfft.

Wenn die weiber wöllen denen truncken Mennern vil predigen / so lernen Kannen und Leuchter fliegen / und regnet es maulschellen.

ich halt was aus

Was sol eynem bauren eyn
zart megdlin? Ihm gehört
eyn starcke bäurin / so ihm
butter und käs machet.

❦

Umb der hurerey willen sol
eyn jeglicher seyn eigen weib
han / und eyn jegliche jhren
eigen Mann.

❦

Eyn still weib liebt man
umb und umb.

Ohn zucht ist eyne frau wie eyn geschmückte sau.

⁓

Die weiber von hoffertigem leibe / thun ihren raht im Spiegel treiben.

⁓

Man sol wol zehen menner finden / die ihrer Weiber liederlich vergessen können / da kaum eyne gefunden wird / so ihres Mannes vergisset.

Eyn zornig fraw und eyn
löcherichte pfann / seynd
schedlich in eym hauß.

Eyn unheußlich weib ver-
zehret des manns schweis.

Dar fleißig.

Eyn heußlich weyb ist eyn
gute sparbüchse.

Die guten frawen liegen alß
eynn Totenbein untern
Marmelsteyn.

Der vogl PELIKAN

Mancher von frawen übel redt / der nicht weiß / was seine mutter thät.

❧

Frühe aufstehen / und jung freien / sol niemand gereuen.

❧

Was Großhanß übels thut / das muß klein hensichen entgelten.

❧

Wo vil kinder sind / da ist
selten kalt bettstroh.

Was der mutter ans hertz
gehet / das gehet dem vater
nur an die Knie.

Ein getrewe mutter sihet
mehr mit eynem / dann der
vather mit zehen Augen.

Es ist besser das kind weyne /
als der vater.

Eyn kind so klein / als eyn mauß / macht eyn zorn so groß als ein hauß.

⚜

Es ist der faulen ein guter schutz / daß sie ein kleines kindelin hat.

⚜

Wenn der windel zu vil wird / so erdruckt man das kind.

Kleyn kinderscheiße ist der
best kitt für weybertreu.

Wer mit stroh schwanger
gehet der gebirt meist
stoppeln.

Die vier beste mütter gebären vier der bösesten töchter / die Wahrheit — Haß / die Glückseligkeit — Hochmuth / die Sicherheit — Gefährlichkeit und die Gemeinschafft — Verachtung.

Da liegt es / sagte jene guthe magt / da entfiel ihr das kind beim tantze.

Lieb läßt sich nur mit gegenlieb bzahln.

Die tochter soll man nit lassen auf eyn stülichen sitzen und finger spitzen / sondern ihr zur arbeyt anghalten.

Wer sich mit worten nit ziehen laßt / an dem helffen auch keine schläge.

Wenn das Glück eym jeden gäbe / was er verdienet und würdig ist / so würde es kein Glück / sondern eyne Gerechtigkeit genennet werden.

Gute wort helffen schlechte waar verkauffen.

Es haben auch großer herren kinder anklebischte finger.

Ein aff bleibt ein aff / ob er gleich uff eim güldenen stul säß.

Ein hoher Herr meynet / Kühdreck sey auch butter / er schmieret sich wohl auf / läßt es aber die andern fressen.

Der jedermans gesell / ist niemands freund.

Werckleut wissen offt schöne heußer zu bauen / und wohnen selbs gemeyniglich in den schlimmsten hütten.

Kein messer ist / das scherffer schiert / denn wenn der Arme zum Herren wird.

Leutschinder

CANIS

Wo eyn baur eyn herr wird / da gehets über arme leut.

Es ist besser / im winckel eyn alt kleyd flicken / als öffentlich umb eins betteln.

Wenn / die oben sitzen / alles
allein haben wöllen / so
müssen / die unten liegen /
blut schwitzen.

Wer oben sitzt / der lest sich
grüßen / und tritt die unter-
sten mit füßen.

An die armut wil yederman
die schuch wischen.

Wo es immerzu tröpfflet /
da wirds nimmer trocken.

Der gesund ist unwissend reich.

Eyn böß leben ist niemand schedlicher / denn dem / der es führet.

Es kompt nit alles seuffzen von kranckheit.

Halt dich warm / nit überfüll den darm / bis den frawen nit zu holdt / so lebst / so lang du leben sollt.

Ein junger Mann kann neun mal verderben / und dennoch widderumb genesen.

Mehr ertrinken im weinglaß / als im Meer. Fraß bringt mehr umb / dann das schwerd.

Bey lahmen leuten lernt man hincken.

Es hinckt keiner an eins anderen fuß.

Wer sich zu räudigen hält / der wird auch gretzig.

Schmieren macht linde Häut.

Der wolt gerne scheissen /
wenn er eyn dreck ym bauche
hätt.

Er heylet mit eym pflaster
alle schäden.

Wer da stirbet / ehe er stirbet / der stirbet nicht / wann
er stirbet.

Eng und wol ist besser /
dann weit und wehe.

Lachen ist gesund

Worte darff man nit
kauffen.

⊱❦⊰

Wer gute nächt sucht / der
verleurt oft gute tag.

⊱❦⊰

Wer viel faulfleisch an sich
hat / der wird deß studierens
bald müde.

Lach / wenns zum heuln nit
reicht!

Jedem riechen seyne eigen
winde wol.

Wer sich zu hart offt
schneutzen thut / der macht /
das jhm die nasen blut.

Weiche bette in der kammer / und guter wein in der kanne / haben manchen arm und kleyn gemachet.

Eyn Faß voll weins klingt nicht sehr / Aber es hats in sich.

Eyn traum ist eyn trug / was man ins bett thut / find man wieder.

Der Schmeichler trägt in der eynn Hand wasser / in der andern feuer.

Wer eym übel will / der findt auch bald eyn ursach.

Eyn fauler bub und ein warm bett scheyden sich nit leichtlich.

Wer in sein eigen nest hofiert / derselbig nicht sanfft ligen wird.

Hüt dich vor lachenden wirten und weinenden pfaffen!

Der schlefft sanfft / der nit fühlt / wie unsanfft er schlefft.

~≈~

Sie sind noch nit alle schlaffen / die heint ein böse nacht sollen haben.

~≈~

Es schlaffen nit alle / so die augen zuthun.

**Warumb sol eyner das
fleisch schlan / damit er muß
zu bette gahn?**

**Zween glauben vertragen
sich nicht wol in eynem
bette.**

Wer vil schläfft / den schläf-
fert vil.

Vil federn machen eyn bett /
wie leicht sie auch seyndt.

Im bett und tisch recht ehe-
lich leut / sich schämen solln
zu keiner zeit.

Auf guthen betten liegt man
harth / wann man für sorg
nit schlaffen kann.

Weiche bette helffen nit allzeit zum Schlaff.

Träum sind trieger / wer
ins bett thut / der muß drin
liegen / das ist die nackte
warheit.

Süß getrunken / sauer bezalt.

Eynes tüchtigen mannes herkommen / und eynes gutten weines heimet / muß man nit so gar genau erfragen.

Wo sauffen ehr ist / da ist speyen kein schand.

Wenn der Volle sündigt / so muß es der Weyn gethan han.

SILENUS, eyn berümbter Süffl

Wenn der wein nidersitzt / schwimmen die Wort empor.

Es wird selten eyne kanne weins getruncken / da man nicht frommen und abwesenden jhr gut gerücht beschmitzet.

Schmarotzer schlagen sich zu / wo man isset und trincket. Wo man aber die riemen ziehen und zahlen sol / so wischen sie das maul / und ziehen am hag ab.

~~~

Eynn zornigen Mann sol man zuvor versaußen und verpraußen lassen / ehe man mit ihm redt.

~~~

Eyn voller und ein hungriger singen nit eynerley gesang.

Eyn gerichtlin kraut mit
lieb ist besser / dann eyn ge-
mäster Ochs mit haß.

Schmeck

Vereck

Mancher lädt gäst zum kalb-
kopf / und hat die kuhe noch
nit gekalbet.

Völlerey macht eynn kalten
feuerherd.

VÖLLEREY

Lucullus

Die augen sind ihm weytter
denn der bauch.

Es begibt sich offt vil / ehe
man den löffel zum maul
bringt.

Wann der gast am werthesten ist / sol er wegzihn.

Der mund ist des bauchs hencker und artzt.

❦

Lernestu übel / so frissestu mit den säuen auß dem kübel / lernestu wol / so wirstu der gebraten hüner voll.

❦

Adam mit naschen hat verricht / daß alles uebel uns anficht.

Es frißt offt einer die kir-
schen auß / und hengt den
korb eym andern an halß.

Wer mehr verzehrt / denn
er geladen hat / der fährt
mit schaden vom marckt.

Wer nie kein saures gekocht
hat / der weiß auch nit / wie
es schmeckt.

Man sol mehr hören / als
reden.

Schöne weiber kochen nit gern.

❧

Schlachte nicht mehr / als du saltzen kanst.

❧

Man sol keinen hungrigen ansprechen oder grüßen.

Es sitzt ihm in der haut /
wäre es inn kleydern / so
möcht mans herabwaschen.

Alte lumpen rein gewaschen /
helffen manchem auß der
Aschen.

Kleyder machen leut / lumpen machen leuß.

die schneyder

Wirff das alt Kleyd nit hin / du habest denn zuvor eyn neues.

Manchen thät not eyn neuer mensche / und keufft sich nur eyn neuen rock.

Wein / weyber und hohe Würden verändern den gan-zen menschen.

Eyn schön kleid deckt auch wol eynn schalck.

Wer nit kalck hat / der muß
mit dreck mauren.

Die Pawkunst

Eyn strohern häußlin / von
ehren gebawet / wäret län-
ger / dann eyn groß glasern
hauß / da nagel und band
dazu erfinantzet / und dem
Nächsten abgedrungen
seynd.

Ein eigen häußlin ist lieber
dann ein frembd hauß.

Wenn eyn wand baufellig
wird / und fallen wil / seichen
die hund daran / und gibt
ihr jedermann eyn stößlin.

Eyn mantel und eyn hauß
decket offt vil schand.

Das best mittel wider den
zorn ist die zeit.

Wer eynn kalten hert hat /
der wärmt sich gern in
frembden küchen.

schön warm

tut gut und wermet auff
(probatum)

Der erster zum herd kömpt /
setzet sein häflin wohin er
will.

Wer gegen eynn backoffen
blasen wil / der muß eyn
groß maul haben.

Es ist kein schändlicher Diensbarkeit / als wenn eyner seyn eigener knecht ist.

~

Es ist ein fürst wol so selten ym hymel / als ein hirsch ynn eines armen mans kuchen.

~

Wer geduldig unter der bangk sitzt / der sitzt auch höfflich drauff / wenn er darauf kömpt.

Wer mit Pech oder Kohlen umbgeht / der beschmitzt leicht die händ.

Wer rauch verkaufft / der ersticket auch billig darin.

Je mehr sich eyner entschüldigt / je verdächtiger er sich machet.

pfütze

Wer zuvor in allen pfützen hat gebadt / der bekompt selten was reins / oder bleibet nit rein.

Wer krum und unflätig holtz spalten wil / dem springen die Spreissen ins angesicht.

Der muß des mehls haben gar vil / der alle mäuler verkleiben will.

Es ist besser ein Fenster / dann eyn aug eingeschlagen.

Wölln uns wieder recht liep han

Verrochen Unflat sol man nit rütteln.

Die langsam zürnen / zürnen lang.

Es ist besser / zweymal fragen / als eynmal irre gehn.

Auch die / so unrecht thun / seynd des unrechts feind.

Nimpst Geschencke / verlierst
die Freyheit!

Was nützet einem dieb das
gestohlne gut / der morgen
hencken soll?

Fiat justitia,
et pereat mundus

Es geschiehet vil auß heym-
lichen haß / und muß doch
namen haben / als geschehe
es von ampts und rechts
wegen.

Wer einen gen Rom trüg /
und unsanft nidersetzt / so
wär es alles umbsonst.

Mancher arbeitet un thut
vil / ein anderer aber tritt in
sein erndt.

Also geschichts denn / was
eyner bauet mit den henden /
das zerbricht und zertritt er
mit den füssen.

Wer auff dem schach wil spielen / der sol die augen nit inn beutel stecken.

An alten töpffen und schälcken ist alles waschen verloren.

Wer pflügen mit bösen frauen wil / der macht der krumen furchen vil.

Das hemd gezückt / darnach sich gepückt / ist halb auffgestanden.

Weil eyner kan / so braucht man jhn / darnach schlägt man jhn ins graß.

Schenken heißt anglen.

Gebrennte farb und kaufte lieb / die schmilzt dahin / gleich wie ein dieb.

Dienst umb dienst ist keine
koppeley.

Lob eynn so / das du jhn ohn
schaden mögest schelten / da
ers verdient.

Mit eym güldnen hammer
kann man eyserne Tore auf-
machen.

Der erben trauren ist offt
eyn verdeckts lachen.

Wer sich selbs kitzelt / der lacht wann er wil.

Jucken / buln / borgen / sauffen voll / thut gar eyn kleines weilchen wol.

Dreck bleibt dreck / wenn er auch noch so wol riechet.

Der eyne lacht eynn guthen käs an / der ander fällt dafür in Ohnmacht.

Wer in den staub bleset / dem steubet er unter die nasen.

So subtil / schlipfferig und alfenzerisch eyner ist / wenn er schon auf alle seiten abgerecht und abgespitzt ist / Gott merckt es alles / und ergreifft ihn endlich in seyner Schalckheit.

Er trägt zwey zungen in eym maull.

Wenig erbsen rauschen ehrer in eyner dürren Schweinsblasen / dann eyn scheffel weitz im sack.

Wer eynes andern unflat
gerne rühret / der hat offt
seyn selbst beyde händ voll.

mereteices

Wenn sich die huren schelten / so kompt die schuld an
tag.

Wenn die magd mit den
schüsseln spilt / wie die katz
mit der mauß / werden sie
langsam gespült.

Eyn ding außlachen / kann
eyn jeder narr / wer es aber
verbeſſert / der mag für
eynn Meyſter gelten.

Wer viel handtwercke zu
gleich lernet / der lernet ſel-
ten eins wol.

Zween könn wol mit eyn-
ander singen / aber nit zugleich reden.

Wer ein mal in der leut
Mund kömpt / kömpt selten
unversehrt wider heraus.

Der mit eim vollen zanckt
all frist / der zanckt mit
eym / der nicht da ist.

Wilst in rath du gehn / so
laß dein person daheym.

Allen bekand hat wenig Ehr
und vil schand.

Man kan eynen wol auß
seynem Lande bringen / aber
nicht auß seynem Sinne.

Um marckt lernet man die
leut am besten kennen / mehr
dann im tempel.

Aus zwilchin säcken kan mann nit seiden beutel machen.

Es ist kein Kaufmann / der nit Mäusdreck for indisch Pfeffer verkauffen kann.

Vier ding lassen sich nicht bergen: feur / grind / lust / und lieb.

Die Hand am wegscheid
weiset den weg / so sie selbst
nit gehet.

Wer sich von einer hurn
abwendt / hat auch ein gut
Tagreiß vollendt.

Wer faul ist und will täglich zehrn / der kann sich endlich kaum ernährn.

Es ist kein schand / aber ein scham / der nicht kan / sonder nicht lernen wil.

Am alter und am Todten will jedermann Richter werden.

Der sich stets selbst sucht / der
findet sich am gewissesten.

Der kömpt zu spat / der
außzugehn nimmer die weil
hat.

Wer da ligt / über den
läufft alle welt hyn.

hodie mihi / cras tibi·

Alte freunde sol man nicht verkiesen / denn man weiß nicht / wie die neuen geradten wollen.

Mancher suchts mit krauen hinter den Ohren / aber zu spät.

Ein narr schüttet seinen geist auff ein mal auß / aber ein weiser hält an sich.

Wenn ein ding geschehen ist / so sol man das best darzu reden / was hilfft es / wenn man schon das ärgst darzu redt / es wird nit besser / sondern aerger.

**Es gehöret mehr zum tantze /
denn rote schuch.**

muſicka

**Spielen iſt keyn kunſt / ſon-
dern aufhören.**

Ich muß mich selbsten loben / meine nachbaren seynd nit daheim.

finis

Notwendig ist es nicht, das Nachwort zu lesen: Altes, ehrliches Sprachgut sprang Dir aus den Seiten dieses Buches entgegen, derb, handfest und gesund. Uralt sind die Sprüche. Sie wurden über Jahre hin mühevoll zusammengetragen und lassen Dich etwas ahnen von der Weisheit und Klugheit der Vorväter. Hast Du hin und wieder die Nase gerümpft? Eigentlich sollte das nicht nötig sein; denn frische Luft ist Lebensluft. Du lasest die Verse und Sätze in der Sprache Dürers, Luthers, Hans Sachsens und all derer, denen die Kunst Gutenbergs den Weg freigab, Gesprochenes zu drucken, das Denken des Volkes einzufangen und es in Büchern unter die Leute zu bringen. Die Nachfahren haben es verwässert, verzettelt und vielfach auch verfälscht. Im eiligen Wandel der Sprache verlor manches herzhafte Wort seine Frische. Flachgedrückt und abgenutzt wurde es am Wege liegen gelassen. Die schnellebige Zeit huschte darüber hin und vergaß vieles. Mit dehnbaren, billigen Prägungen, die sich die Zeitgenossen zuspielen, beweisen sie einander oft, wie wenig Verantwortungsgefühl der Sprache gegenüber in ihnen lebendig ist.

Fandest Du die Sprüche „prima"? — Erschienen sie Dir „pfundig"?, oder „ganz groß?" — Du lachst? Ich auch. — Wenn sich die Generationen nacheinander auf die Schultern kletterten, dann empfand sich jede als Gipfel des Fortschrittes einer manchmal atembeklemmenden Aufwärtsbewegung und sah von ihrer Höhe oft geringschätzig herab auf alles, was unter und hinter ihr lag. Meinst Du, daß wir klüger geworden sind? Blättere noch einmal zurück und entscheide selbst. Von mir aus — — — —. Bestimmt führt Dich dies Büchlein, wenn Du es im richtigen Augenblick aufschlägst, zu Dir selber und sagt Dir, daß Du doch auch nur ein Mensch bist. Und im Menschlichen hat sich über die Jahrhunderte hinweg wenig geändert.

Ich will mit diesen Sätzen nicht Moral blasen; denn m i r haben die alten Sprüche in ihrer gepfefferten, würzigen Weise selber wohlgetan, und sie begleiten mich durch alle meine Tage. Ihre klare Sicht hat mir oft Kraft gegeben, mit irgendeinem Quark fertig zu werden. Deshalb glaubte ich, sie könnten auch anderen etwas bedeuten. Laß Dir ruhig mal ein blaues Fleck in die empfindsame, stolze Seele schlagen. Macht nichts. Viel wichtiger sind die Funken, die Dir dabei aus Herz und Hirn springen. Ein wenig Klarheit und Besinnung im Wust des Alltages tut immer wohl, auch wenn Du dabei über Dich selber hinwegspringen mußt. Vielleicht lernt mancher einsehen:

Wir sind wir; aber die Vorfahren waren auch kluge Leute.

„Mine sprüch sint nit beladen mit lügen / sünde / schande / schaden."

Fritz Scheffel.

Wer's wissen will:

alfenzerisch = gerissen, durchgedreht, ausgekocht.

bescheißen = beschmutzen, beflecken, beschmieren.

beschmitzen = bespritzen, bewerfen, besudeln.

brunzen = Wasser lassen.

brunst, brünstig = in Liebesglut brennend, vor Frühlingsgefühlen aus dem Häuschen. „ich bin gen baden zogen / zu löschen ab mein Brunst."

bube = ein nichtsnutziger Mensch, schändlicher Kerl, Lotterbube, Spitzbube, leckerbube, schandbube.

bule, buhle = geliebtes, begehrtes Wesen.

bulerey = Liebesspiel, Liebesgetändel, Liebschaft hinter dem Rücken des Ehegatten mit einem anderen.
„Schönheit hilfft wol zur bulerey / schön gestalt macht frech und stolz darbey."

bulschaft, buhlschaft = heimliches Liebesverhältnis.
Luther: „Laß uns der libe pflegen / dann der mann ist nit daheyme / er ist eynen fernen Weg gezogen."

erfinanzet, erfinanzen = betrügen, übervorteilen, wuchern.
Luther: „Solche Finanzer nennt man Gurgel- oder Kehlstecher."

flasern Haus = ein stolzes Haus aus prächtig gemasertem, kostbarem Holze.

fromm = tapfer, brav, rechtschaffen, gottesfürchtig/geduldig, still, fügsam, ein frommes Pferd.

frommen = nützen, etwas taugen.

geck = ein eingebildeter Narr, ein hoffärtiger Mensch, auch ein alter, vernarrter Liebhaber zum dritten Male im Safte.

gläsin = gläsern, allgemeiner Ausdruck für etwas Zerbrechliches.

greinen = knurren, zanken, schreien, weinen, lachen, brüllen, grinsen; ohne berechtigte Ursache übermäßig laut Lärm machen.

gretzig = kretzig, unrein, räudig, grindig, schäbig, lauficht.

hag, am hag abziehen = am Zaun, an der Hecke, im Gebüsch heimlich davonschleichen.

hofieren = seine Notdurft auf dem Hofe verrichten.

hoffertig = hoffärtig, stolz, anmaßend, eitel.

hur = Hure, immer das Gegenteil einer anständigen Frau.

hust = Husten, die Luft mit Geräusch ausstoßen.
Hans Sachs: „Er hust offt unden und oben."

kirret, kirren = locken, ködern. Grunzen und Quieken der Schweine.
Luther: „Daß J ist vast der laut des kirrens der sew."

kleyen = die Kleie, die gemahlenen Schalen des Getreides, Kraftfutter für Schweine.

kohlscheißer = Schmetterling: der Kohlweißling.

koppeley = Kuppelei, Menschen auf sonst nicht üblichem Wege zusammenbringen, mit Gewinn für den Vermittler. Schmuserei bei unsauberen Geschäften.

metze = die Metze: $1/16$ Scheffel. Auch der Teil des zu mahlenden Getreides, der dem Müller als Lohn zukommt.

neidhart = Einer, der in Neid und Haß stark ist.

pöffel = gemeines Pack, gesinnungslose Masse, Hefe des Volkes.

reuplin = Räupchen, Krautwurm.

schabab = Befehlsform von abschaben: geh ab, zieh ab, hau ab!

schaff = das Schaff, wannenartiges, hölzernes Gefäß.
Es gab Fleisch-, Bad-, Fuß-, Sudel-, Wasserschaffe.

spreißen = der Spreißen: Splitter, kleiner Span.

trieger = Betrüger, Lügner, Täuscher.

unflat = der Unflat: Schmutz, Unrat, Wust, Stank, Dreck, Mist. Etwas Gemeines, Unreines. Ein grober, gemeiner Mensch.

verkiesen = übersehen, zurückweisen, verwerfen.

wegscheid = der Wegscheid. Weiser, der die Wege schied.

zwilchin secke = Säcke aus Zwilch, d. i. ungebleichte Sackleinewand, mit einem Kreuz- und Längsfaden gewebt.